BUSCA, ENCUENTRA Y MARCA EN EL ESPACIO

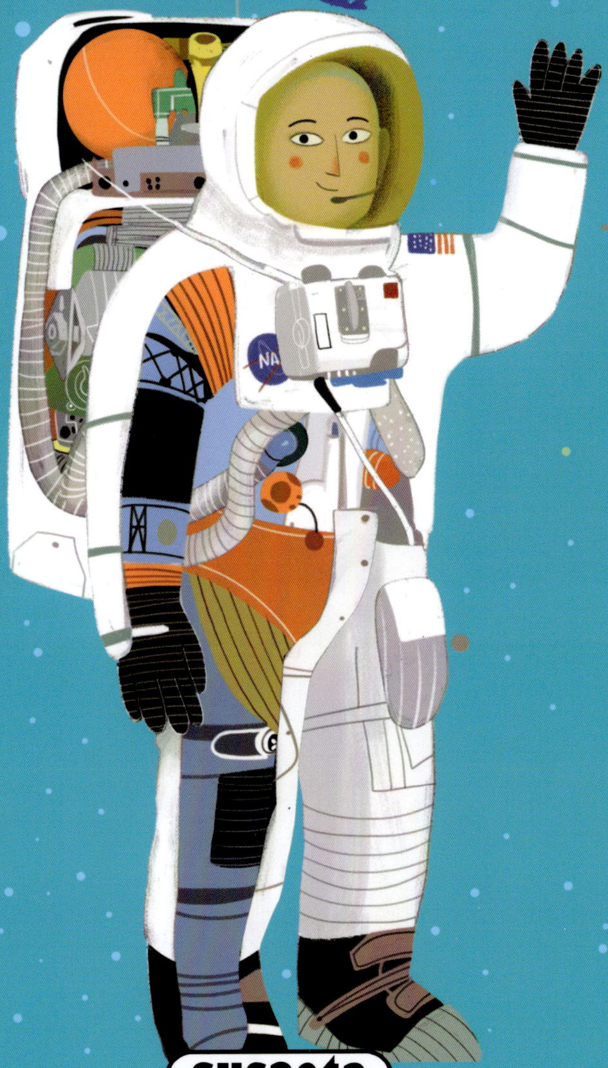

susaeta

¡Hay un simpático extraterrestre escondido!
¿Dónde estamos?
STS
x12
TITAN IV
x10
COHETE N-1
x7
DELTA IV HEAVY
x10
SATURNO 1
x11
FALCON 9 V1
x14
¿Puedes ver un gracioso robot?

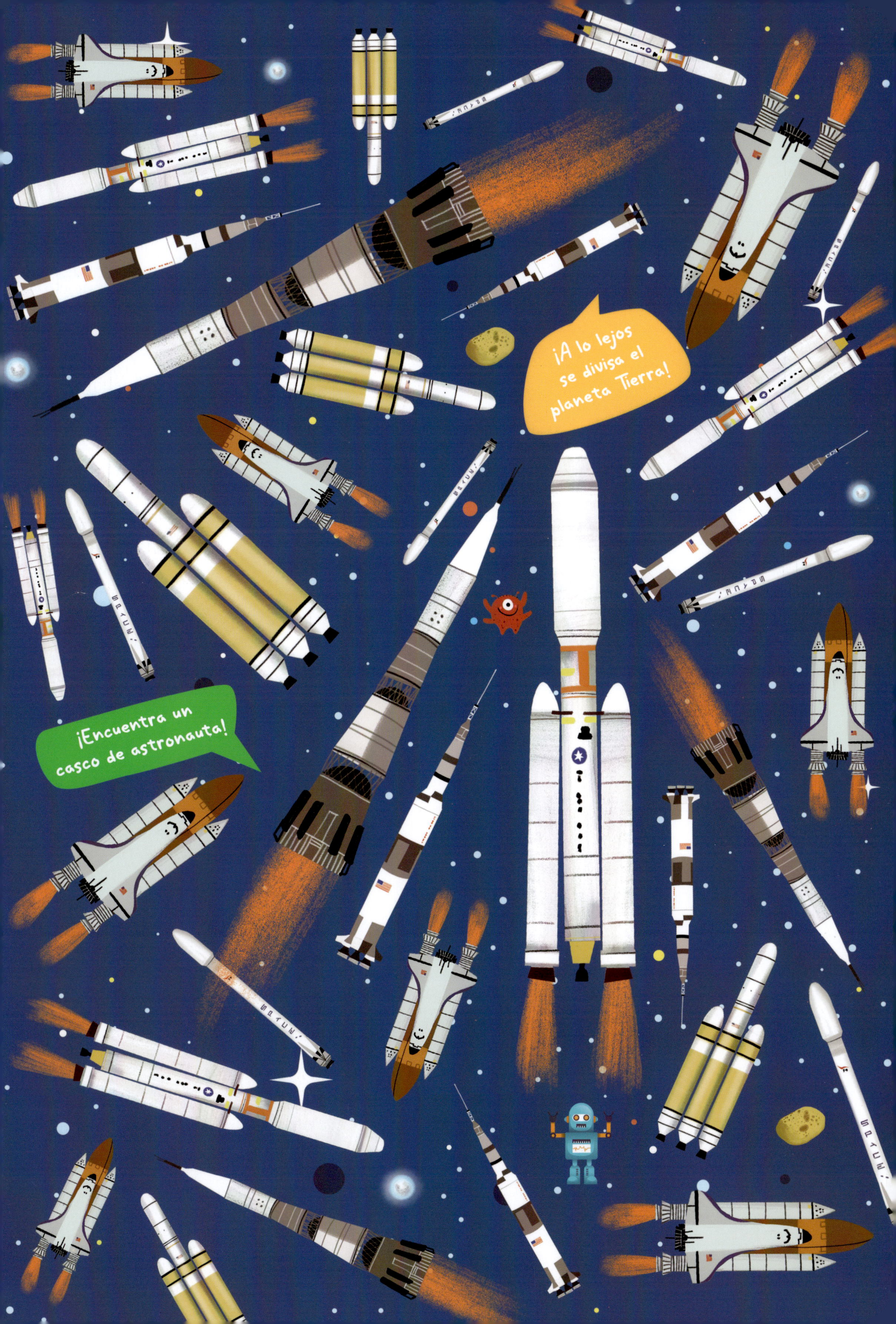
¡A lo lejos se divisa el planeta Tierra!
¡Encuentra un casco de astronauta!

¡Un astronauta flota entre los robots!
¡Seguro que encontrarás una bolsa de agua!

¿Puedes localizar un ordenador?
¿Dónde estamos?
PERSEVERANCE x8
ROVER LUNAR x6
YUTU x9
SOJOURNER x12
CURIOSITY ROVER x14
ROSALIND FRANKLIN x10
¡Hay un cohete volando por ahí!
WATER

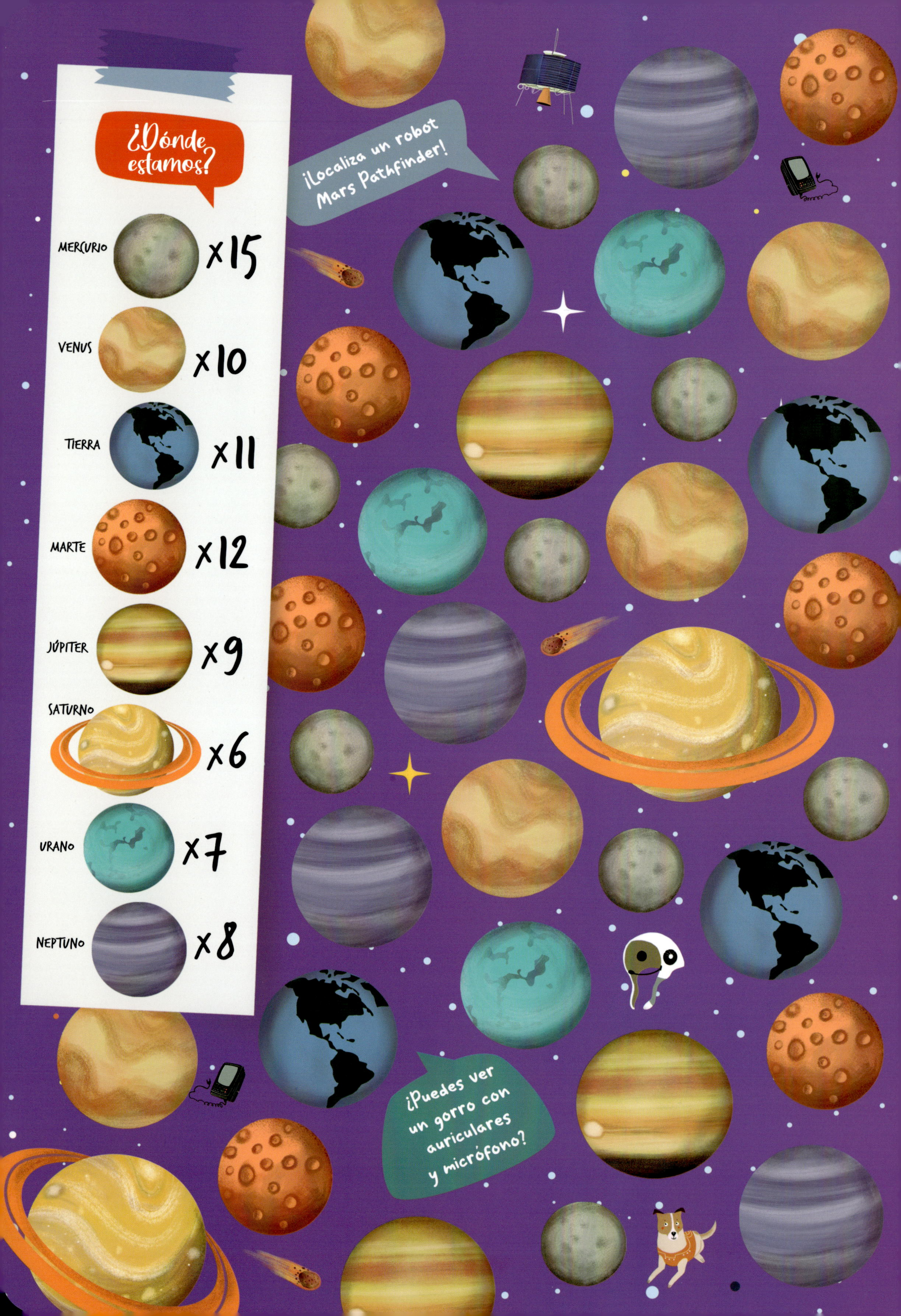
¿Dónde estamos?
MERCURIO x15
VENUS x10
TIERRA x11
MARTE x12
JÚPITER x9
SATURNO x6
URANO x7
NEPTUNO x8
¡Localiza un robot Mars Pathfinder!
¿Puedes ver un gorro con auriculares y micrófono?

¿Puedes localizar un ordenador?
¿Dónde estamos?
PERSEVERANCE
x8
ROVER LUNAR
x6
YUTU
x9
SOJOURNER
x12
CURIOSITY ROVER
x14
ROSALIND FRANKLIN
x10
¡Hay un cohete volando por ahí!
WATER

¿Dónde estamos?
MERCURIO x15
VENUS x10
TIERRA x11
MARTE x12
JÚPITER x9
SATURNO x6
URANO x7
NEPTUNO x8
¡Localiza un robot Mars Pathfinder!
¿Puedes ver un gorro con auriculares y micrófono?

¡Descubre un satélite flotando!
¡Intenta encontrar a la perra Laika!!

¡Cuidado, hay un agujero negro!
¿Ves unos guantes de astronauta?

¡Hay un asteroide flotando!
¿Puedes ver una antena parabólica?
¿Dónde estamos?
ASTRONAUTA VERDE
x15
ASTRONAUTA NARANJA
x13
ASTRONAUTA AMARILLO
x11
ASTRONAUTA BLANCO
x14
ASTRONAUTA AZUL
x16
ASTRONAUTA ROJO
x11

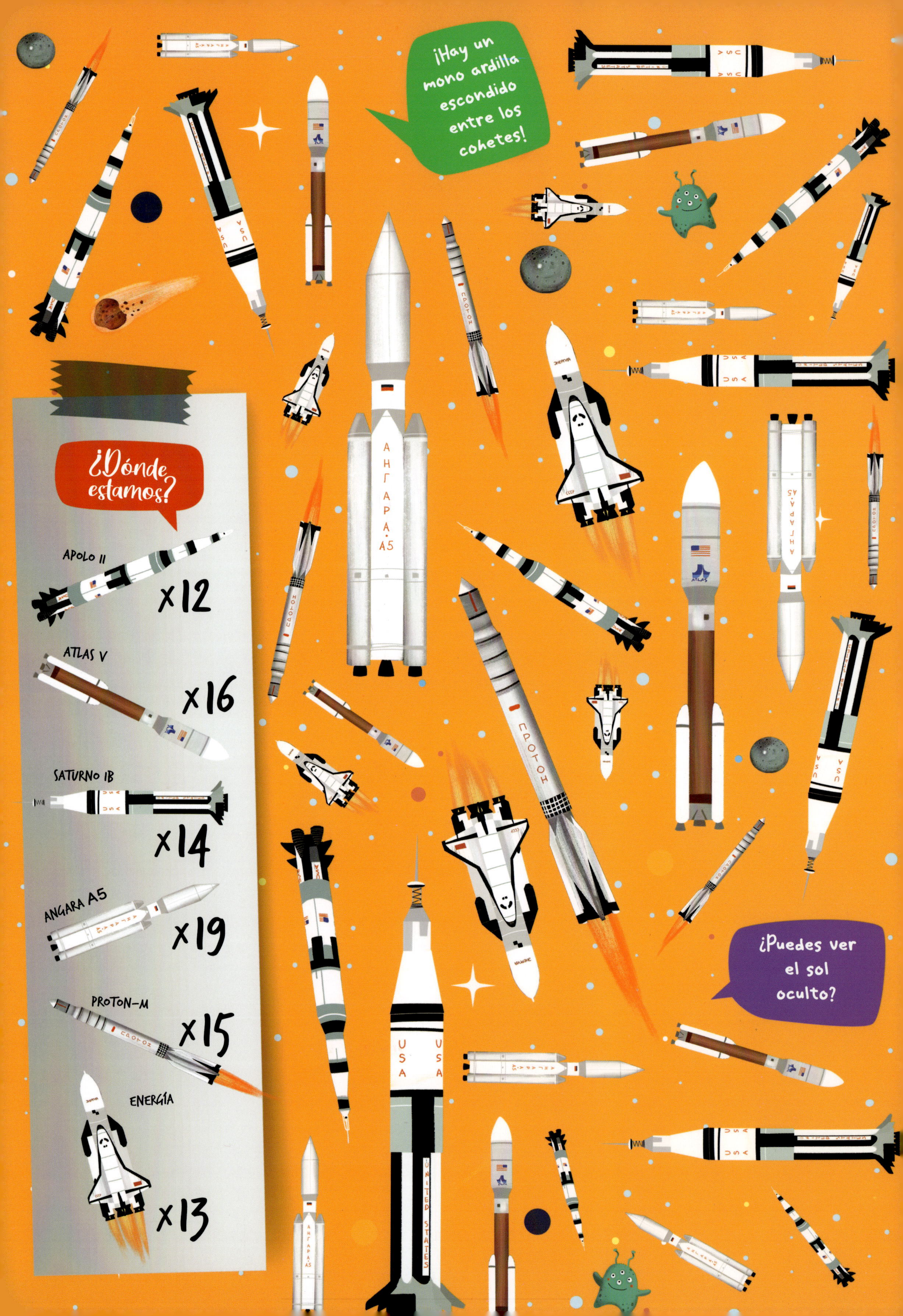
¡Hay un mono ardilla escondido entre los cohetes!
¿Dónde estamos?
APOLO II
x12
ATLAS V
x16
SATURNO IB
x14
ANGARA A5
x19
PROTON-M
x15
ENERGÍA
x13
¿Puedes ver el sol oculto?

¡Un lejano cometa vuela por el espacio!
BATTERY POWER
¡Encuentra una batería eléctrica!
USA USA
UNITED STATES
АНГАРА А5

¡El científico Galileo está escondido entre los satélites!
¿Puedes ver el planeta Marte?

¡Un astronauta vestido de rojo flota por ahí!
¿Dónde estamos?
LANDSAT
x12
TIROS
x14
EXPLORER
x13
SPOT
x20
IKONOS
x16
SPUTNIK
x9
¡Encuentra un vehículo espacial!

¿Dónde estamos?
PIONEER 10
x12
VOYAGER 2
x9
NEW HORIZONS
x10
OSIRIS REX
x11
INSIGHT
x13
HOPE
x16
¡Un asteroide gris vuela amenazante!
¡Una pizza flota por el espacio!

¿Ves unas botas de astronauta?
¡Hay un cohete surcando el cielo!

¡Localiza una nave espacial!
¿Puedes ver el planeta Neptuno?

¡Descubre un extraterrestre un poco aburrido!
¿Dónde estamos?
COMIDA ASTRONAUTA
x13
AGUA
WATER
x11
BATERÍA
BATTERY POWER
x15
AURICULARES Y MICRÓFONO
x17
GUANTES
x17
CASCO
x12
¡Intenta encontrar un satélite de comunicaciones!

¡Localiza una galaxia espiral!
¿Puedes ver un astronauta naranja?

¡El robot Curiosity circula por ahí!
¿Puedes ver el planeta Venus?
¿Dónde estamos?
MONO ABLE x18
LAIKA x17
BELISARIO x16
GORDO x20
MOSCA DE LA FRUTA x21
HAM x14

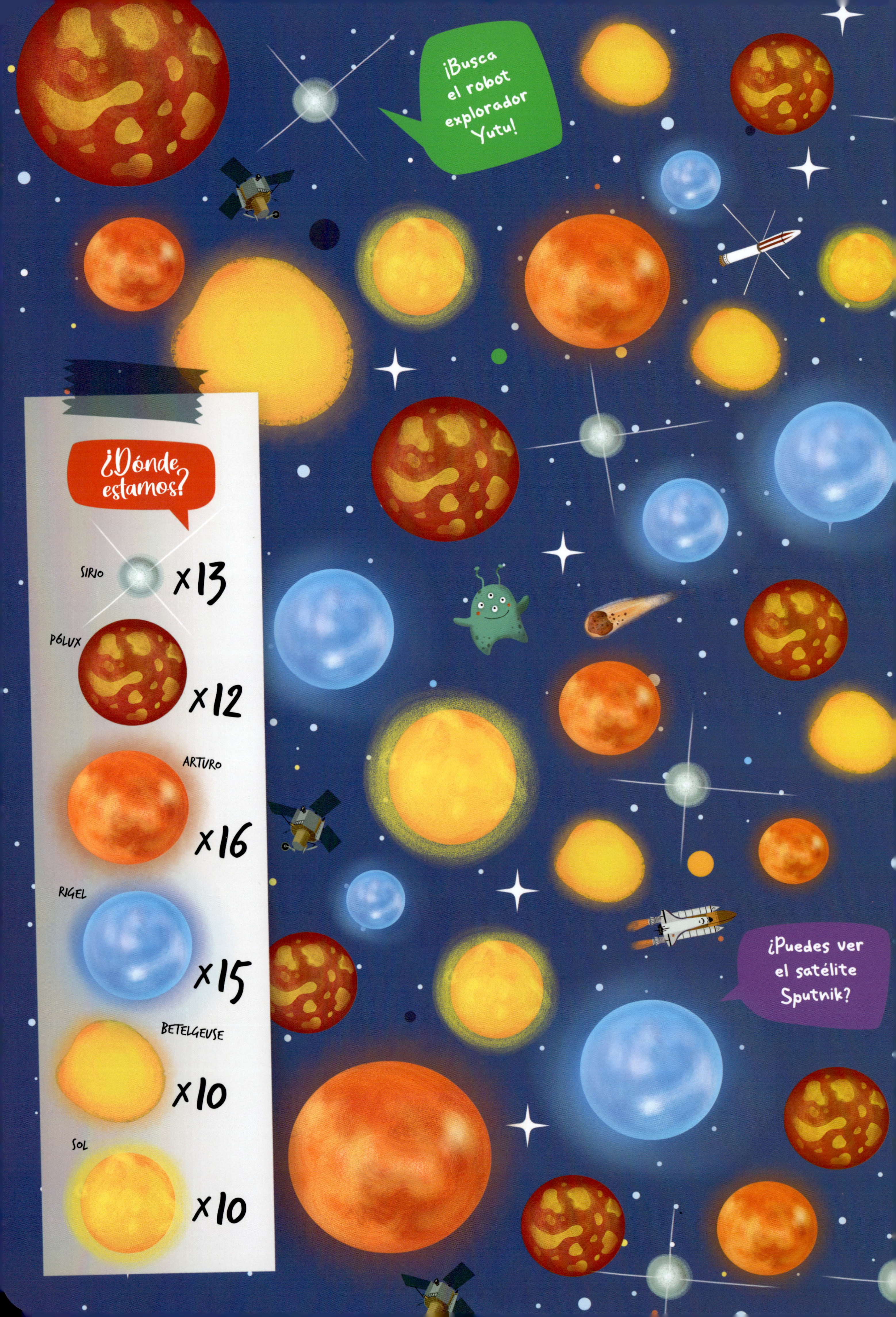

¡Busca el robot explorador Yutu!
¿Dónde estamos?
SIRIO x13
PÓLUX x12
ARTURO x16
RIGEL x15
BETELGEUSE x10
SOL x10
¿Puedes ver el satélite Sputnik?

¡El robot Curiosity circula por ahí!
¿Dónde estamos?
MONO ABLE x18
LAIKA x17
BELISARIO x16
GORDO x20
MOSCA DE LA FRUTA x21
HAM x14
¿Puedes ver el planeta Venus?

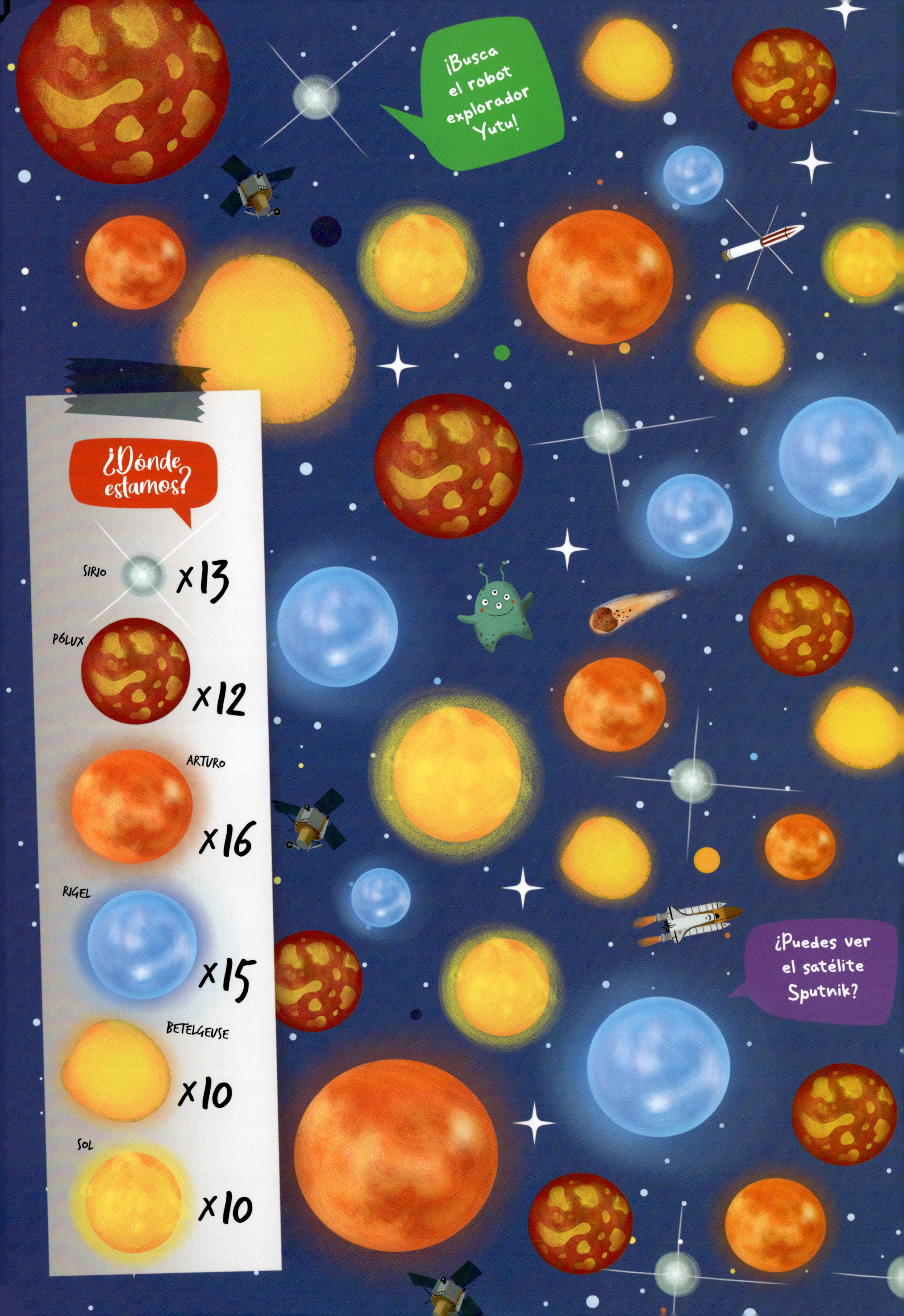
¡Busca el robot explorador Yutu!
¿Dónde estamos?
SIRIO x13
PÓLUX x12
ARTURO x16
RIGEL x15
BETELGEUSE x10
SOL x10
¿Puedes ver el satélite Sputnik?

¡Descubre un extraño ser de cuatro ojos!
¡Encuentra un astronauta azul!

¡El asteroide Faeton navega entre las galaxias!
¡Localiza el planeta Saturno con sus anillos!

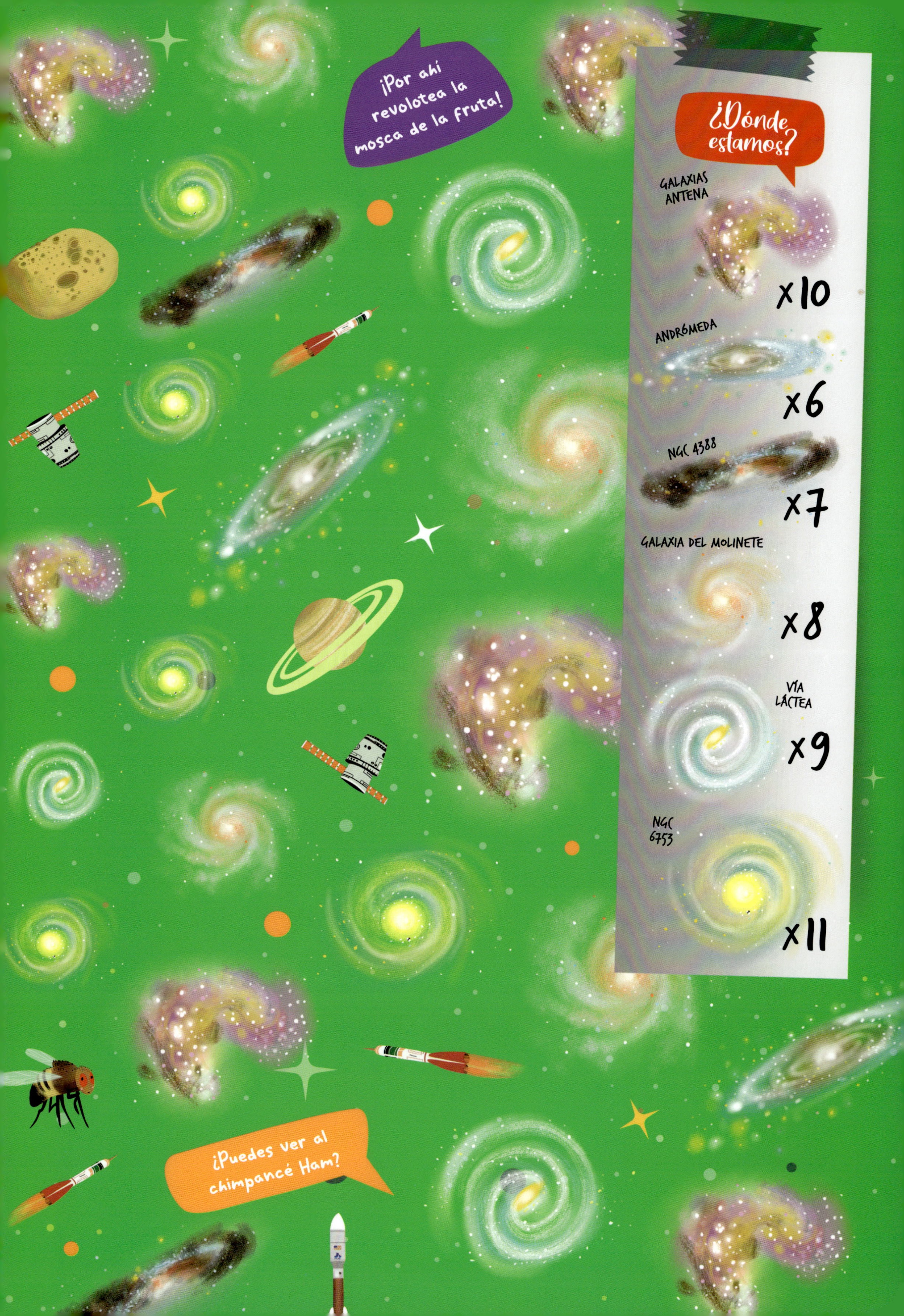
¡Por ahí revolotea la mosca de la fruta!
¿Dónde estamos?
GALAXIAS ANTENA
x10
ANDRÓMEDA
x6
NGC 4388
x7
GALAXIA DEL MOLINETE
x8
VÍA LÁCTEA
x9
NGC 6753
x11
¿Puedes ver al chimpancé Ham?

¿Dónde estamos?
BUZZ ALDRIN
x6
YURI GAGARIN
x5
JOHN GLENN
x4
PEDRO DUQUE
x7
VALENTINA TERESHKOVA
x9
NEIL ARMSTRONG
x8
¿Puedes ver un antiguo ordenador?
¡Una mujer astronauta flota!